CHRISTINE BIRNBAUM

müsli

Rezepte & Ernährungstipps

mymuesli

HEEL

IMPRESSUM

HEEL Verlag GmbH
Gut Pottscheidt
53639 Königswinter
Tel.: 02223 9230-0
Fax: 02223 9230-13
E-Mail: info@heel-verlag.de
Internet: www.heel-verlag.de

Text: Christine Birnbaum, Sabrina Bardas (Ernährungstipps)
Fotos: Thomas Schultze
Coverfoto: Olaf Schumacher
Satz und Gestaltung: Claudia Renierkens, renierkens kommunikations-design, Köln

Redaktion: Katja Siepmann
Lektorat: Petra Hundacker

Dieses Kochbuch wurde nach bestem Wissen und Gewissen verfasst. Weder der Verlag noch die Autorin tragen die Verantwortung für ungewollte Reaktionen oder Beeinträchtigungen, die aus der Verarbeitung der Zutaten entstehen.

– Alle Angaben ohne Gewähr –

Druck: Ellwanger Bayreuth
Printed in Germany

ISBN 978-3-86852-183-2

INHALTSVERZEICHNIS

VORWORT

Müsli hat eine lange kulturhistorische Reise hinter sich: Erfunden um die Jahrhundertwende in der Schweiz von Maximilian Bircher-Benner als nahrhafte und fast pragmatische Speise, wurde es später eine Frühstücksalternative zu Brot und Co, ein politisches Statement und avancierte mittlerweile zum Lifestyle-Produkt.

Das ist auch gar nicht verwunderlich, denn kaum ein anderes Produkt ist so abwechslungsreich. Schließlich lässt sich Müsli problemlos ganz individuell zusammenstellen. So kommt jeder auf seine Kosten, ganz egal ob Vollblut-Öko, Nussallergiker oder Rosinenhasser. Umso erstaunlicher fanden wir, dass man aber kein Müsli bestellen konnte, das speziell den eigenen Bedürfnissen entsprach. Dabei wäre das doch viel einfacher, und so entstand unsere Idee: Anstatt von Supermarkt zu Supermarkt, von Bioladen zu Bioladen zu fahren, um die nötigen Zutaten aufzutreiben, könnte man das Müsli doch einfach für den Kunden schon vormixen. Damit, genauer nach einer gemeinsamen Fahrt zum Badesee, war die Idee zu **mymuesli** geboren: Dem weltweit ersten Portal, auf dem Müslifreunde sich ein ganz persönliches Bio-Müsli zusammenstellen können – aus 75 Bio-Zutaten mit 566 Billiarden Möglichkeiten.

Die Idee hatte von Anfang an eingeschlagen wie eine Bombe: Mittlerweile können Müslifreunde aus fünf Ländern – Deutschland, Schweiz, Österreich, Großbritannien und Niederlande – bei uns ihr Wunschmüsli bestellen, das wir an zwei Standorten in Passau und Basel produzieren. Und obwohl wir ständig auf der Suche nach neuen Zutaten sind und ohnehin schon 566 Billiarden Möglichkeiten zur Wahl stehen, braucht es Abwechslung. Denn angesichts einer so aufwändigen Wertschöpfungskette mit Zutaten aus aller Welt wäre es ziemlich schade, würde man jeden Morgen in der Müslischale nur Flocken in Milch ertränken. Müsli bietet tatsächlich so viel mehr. Und genau da kommt dieses Buch ins Spiel: Wir möchten mit den vorliegenden Rezepten zeigen, wie vielfältig Müsli sein kann. Vor allem aber, dass man Müsli nicht nur am Morgen essen kann, sondern (wie von seinem Erfinder Bircher-Benner vorgesehen) dass es ein echtes Allround-Produkt mit unendlichen Variationsmöglichkeiten ist.

Wir haben alle Rezepte selbst ausprobiert und für gut befunden, freuen uns aber immer über Tipps und Anregungen. Ach ja: Das passende Müsli zu jedem Rezept kann man natürlich bei **mymuesli** bestellen.

Viel Spaß beim Mischen

Katja Siepmann und die Jungs von **mymuesli**, Hubertus, Philipp und Max

MÜSLI –
NICHT NUR FLOCKEN MIT MILCH

Wer nicht einfach nur zur fertigen Müslimischung aus dem Supermarktregal greifen will und deshalb in diesem Buch blättert, dem sollten ein paar Hinweise an die Hand gegeben werden, damit die Benutzung sich möglichst einfach gestaltet und die Suche nach der perfekten Mischung auch Spaß macht.

Natürlich kann man die benötigten Müslimischungen selbst zusammenstellen und auch die übrigen Zutaten einzeln kaufen. In Biomärkten, großen Drogeriemarktketten, aber auch in zahlreichen Supermärkten sind die benötigten Ingredienzien problemlos zu bekommen. Wer Zeit sparen will, ohnehin gerne im Netz auf Shoppingtour geht oder einfach neugierig ist, was es noch so alles gibt, der kann die Müslimischungen auch unter **www.mymuesli.com** bestellen.

Der Einfachheit halber ist der Name der entsprechenden Basismischung bei mymuesli immer mit angegeben (beispielsweise „Vollwert", „Sunshine", „Qi", „Tropica" etc.). Aber wie gesagt, es ist natürlich auch eine Alternative, die verschiedenen Ingredienzien einzeln einzukaufen und selbst zu mischen. Die Beschaffung einiger weniger Zutaten könnte allerdings Kopfzerbrechen bereiten, und da das Müslikochbuch Spaß machen und sich nicht zur Einkaufsrallye entwickeln soll, steht dann auch immer dabei, wenn es sich um eine Zutat handelt, die es nur (oder fast ausschließlich) bei mymuesli gibt. Jeder kann dann selbst entscheiden, ob man durch Weglassen oder kreatives Ersetzen zum Ziel – besser gesagt zum Genuss – kommen will. So gehören beispielsweise Gojibeeren, Zedernüsse und grüne Rosinen zu den Exoten, nach denen man sicherlich ein bisschen länger fahnden muss, ehe sie im Einkaufskorb landen.

Schwieriger dürfte sich die Suche gestalten, wenn das Rezept Orangen-Crunchy (ein Crunchy, das durch Zusatz von Orangenöl eine frische, fruchtige und zart süßliche Note bekommt), Banana-Chocs (Bananenchips mit weißer Schokoglasur überzogen) oder Cranberry-Chocs (Cranberries mit weißer Bio-Schokolade überzogen – sie werden exklusiv für mymuesli hergestellt) fordert. Deshalb ▶

▶ steht hier der Hinweis, dass es sich um eine **Extra-Zutat von mymuesli** handelt. Was niemanden davon abhalten sollte, kreativ zu werden und das Rezept ein bisschen abzuwandeln, vielleicht mit gehackter Schokolade oder …

Tja, und einige Rezepte haben den **mymuesli-pur-Stempel**. Der gibt immer den Hinweis, dass man für die Zubereitung eines Rezeptes entweder mehrere Extra-Zutaten von mymuesli benötigt oder eine spezielle Basis- bzw. Fertigmischung von mymuesli verwendet wird. Drei der zusammengestellten Kindermüslis kann man beispielsweise unter dem angegebenen Rezeptnamen online bestellen (Piraten-, Prinzessinnen- und Hänsel- und-Gretel-Müsli). Und wer es sich auch für alle anderen Rezepte ganz einfach machen will, kann sämtliche Zutaten unter **www.mymuesli.com/kochbuch** ordern.

Diverse Zutaten stehen im Handel mit den unterschiedlichsten Namen im Regal. Wir haben uns bemüht, die einzelnen Zutaten so zu beschreiben, dass man im Laden schnellstmöglich fündig wird. Wer „Schokoholic Crunchy" sucht, landet bei „Schoko Crunchy" und den meist sehr ähnlich klingenden Ablegern einen Treffer, hinter „Honeyboons" verbirgt sich gepuffter Weizen mit Honig.

Ähnlich wie bei den Crunchy-Fans, in deren Müslischalen sich niemals brei- ähnliche, geweichte Getreidemischungen verirren würden, ist es auch bei der Frage, ob man nun frisches oder getrocknetes Obst verwendet, oftmals schlicht eine Glaubensfrage. Wer über das entsprechende Maß an kulinarischer Toleranz und Offenheit verfügt und in der beerenlosen Winterzeit nicht auf den fruchtigen Geschmack von Himbeeren oder Erdbeeren verzichten will oder just im Oktober unbändige Lust bekommt auf ein Mandel-Aprikosen-Müsli, der kann ohne Geschmackseinbußen getrocknete Früchte verwenden. Die sind sicherlich auch aus ökologischen Gesichtspunkten weitaus empfehlenswerter, als Überseeimporte zur Weihnachtszeit.

▶ Ob zum „Finish" des Müslis am Ende Milch, Sojamilch, Naturjoghurt, Saft oder Kefir verwendet wird, ist natürlich Geschmackssache. Ab und an findet sich unter dem Rezept ein Vorschlag, der dann meist auf eine bestimmte Konsistenz des fertigen Müslis abzielt, aber natürlich kann man dabei nach individuellen Vorlieben variieren. Auch wenn es nicht explizit erwähnt ist, können Allergiker bei Laktose-Unverträglichkeit anstelle von Kuhmilch immer genauso gut Soja-milch verwenden.

Im Kapitel „Die Extravaganten" findet sich allerlei für experimentierfreudige Feinschmecker, die aus den klassischen Müslizutaten mehr machen wollen als nur eine Schale befüllen und Milch darüber zu gießen. Müsliriegel, -brot oder -waffeln, Muffins aus Müslimischung, Müsli aus dem Ofen, Pancakes gefüllt mit Bircher-Füllung – wetten, dass in diesen Seiten am Ende die meisten Zettel stecken, weil man diese Rezepte immer und immer wieder nachbacken will?

DIE FRUCHTIG-FRISCHEN

TIPP

Mit Obst in den Tag starten – zusammen mit Getreideflocken ein wunderbarer Mix, der viele Vitamine, Mineralstoffe und Spurenelemente enthält und eine Menge Flüssigkeit, die in der Nacht verloren ging.

Und ob frisch oder getrocknet – der fruchtige Geschmack weckt garantiert alle Lebensgeister.

BROMBEER-
BIRNEN-MÜSLI

MÜSLIMISCHUNG:	50 g	Weizenflocken, Haferflocken, Roggenflocken
	2 EL	Vollkorncornflakes
	1 EL	Pinienkerne
	1 TL	Sesam
	1 EL	grüne Weintrauben

[entspricht der Basis Wednesday]

FRISCHE ZUTATEN:	100 ml	Milch oder 100 g Joghurt
	30 g	frische Brombeeren
	$^1/_2$	kleine, reife Birne, z. B. Williams Christ

ZUBEREITUNG:

1. Birne halbieren und in Scheiben schneiden
2. Müslimischung mit Milch übergießen
3. Obst zum Müsli geben

KALORIENARM

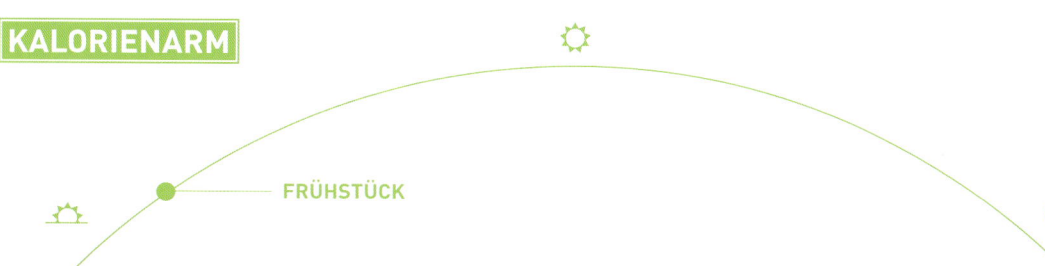

FRÜHSTÜCK

FRUCHTIGES
KUNSTWERK

MÜSLIMISCHUNG:

50 g	Gerstenflocken, Dinkelflocken, Haferflocken
1 EL	Amaranth gepufft
1 EL	Kokosraspeln
2 EL	Hafer-Crunchy

[entspricht der Basis Vollwert]

ÜBRIGE ZUTATEN:

30 g	frische Erdbeeren
30 g	frische Aprikosen
30 g	frische Himbeeren
ca. 100 g Naturjoghurt (3,5 %)	
1 TL	Zucker

ZUBEREITUNG:

1. Erdbeeren, Aprikosen und Himbeeren nur so kurz pürieren, dass noch einige Fruchtstückchen übrig bleiben. Mit Zucker süßen.

2. Alle Müslizutaten in einem separaten Gefäß vermengen

3. Nun immer abwechselnd Naturjoghurt, Fruchtpüree und Müslimischung in ein Glas schichten

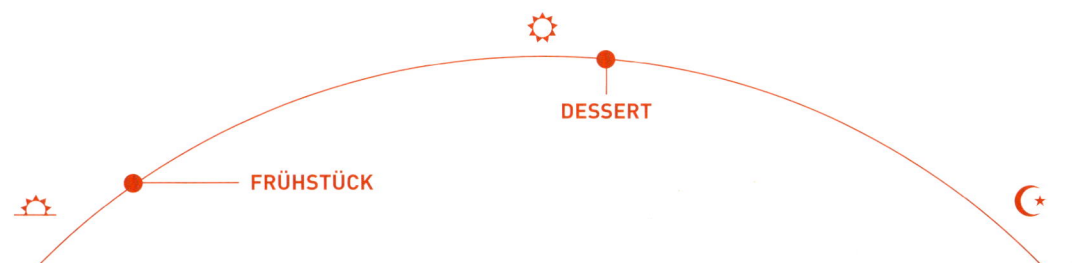

DESSERT

FRÜHSTÜCK

TROPICA

MÜSLIMISCHUNG: 50 g   Weizenflocken, Hirseflocken, Sonnenblumenkerne
1 EL   Pistazien
1 EL   Macadamianüsse
1 EL   getrocknete Pflaumen

FRISCHE ZUTATEN: einige   frische Mango- und Papayastückchen
(alternativ: getrocknete Mango und Papaya)
100 ml   Milch

ZUBEREITUNG:
1. Mango und Papaya in kleine Stücke schneiden
2. Müslizutaten vermengen und mit Milch übergießen
3. Obststücke auf dem Müsli anrichten

[entspricht der
Basismischung Sunshine]

KALORIENARM

FRÜHSTÜCK

AMARANTH-MÜSLI
MIT FRISCHEN KIRSCHEN

MÜSLIMISCHUNG:	50 g	Gerstenflocken, Haferflocken, Honeyboons (Weizen gepufft mit Honig), Kokosraspel
	1 EL	Amaranth gepufft
	1 EL	Amaranthflocken
	2 EL	Vollkorn-Cornflakes
	1 EL	getrocknete Feigen, gehackt

[entspricht der Basis Tropica]

FRISCHE ZUTATEN:	10	frische Kirschen (alternativ: getrocknete Sauerkirschen)
	$\frac{1}{2}$	Banane
	100 ml	Milch oder 100 g Joghurt

ZUBEREITUNG:

1. Müslizutaten miteinander vermischen
2. Kirschen halbieren und entsteinen
3. Halbe Banane in Scheiben schneiden
4. Milch oder Joghurt hinzugeben
5. Kirschen und Bananenscheiben auf dem Müsli anrichten

KALORIENARM

FRÜHSTÜCK

BEERENMÜSLI MIT
KÖRNIGEM FRISCHKÄSE

[entspricht der
Basis Qi]

MÜSLIMISCHUNG:

50 g	Sojaflocken, Reisflocken, Buchweizenflocken
2 EL	Vollkorncornflakes
1 TL	Leinsamen
1 TL	Sesam
1 EL	Dinkel gepufft

ÜBRIGE ZUTATEN:

30 g	Heidelbeeren
30 g	Himbeeren (alternativ: getrocknete Himbeeren)
50 g	körniger Frischkäse
80 ml	Milch
1 El	Honig

ZUBEREITUNG:

1. Beeren waschen
2. Flockenmischung mit Milch vermengen
3. Müsli mit körnigem Frischkäse, Honig und den Beeren anrichten

KALORIENARM

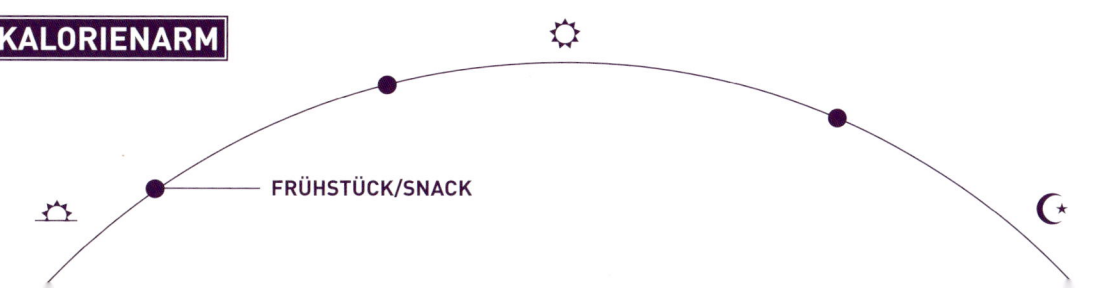

FRÜHSTÜCK/SNACK

DIE CREMIGEN

TIPP

Himmlisch cremig, lecker und dabei auch noch gesund. Naturjoghurt oder Quark unterstützen das Verdauungssystem und nehmen damit auch einen positiven Einfluss aufs Immunsystem, denn das sitzt größtenteils im Darm.

Zusammen mit den Vitaminen, Mineralstoffen und Spurenelementen im Obst und Getreide sind „Die Cremigen" also eine optimale Mischung zum Wohlfühlen und Gesund bleiben!

GAR NICHT FEIGE

MÜSLIMISCHUNG:

50 g	Basis Crunchy and Oat
2 EL	getrocknete Feigen, gehackt
1 EL	Pistazien

ÜBRIGE ZUTATEN:

100 g	Naturjoghurt (3,5 %)
1 EL	Zitronensaft
1 Prise	Zimt

ZUBEREITUNG:

1. Feigen einweichen, Zitronensaft hinzugeben und über Nacht quellen lassen
2. Am Morgen Pistazien in einer Pfanne anrösten
3. Joghurt in eine Schale geben und mit Zimt verrühren
4. Feigen, geröstete Pistazien und die Crunchy-Mischung darauf anrichten

FRÜHSTÜCK

MANDEL-APRIKOSEN-MÜSLI
MIT FRISCHER MINZE

MÜSLIMISCHUNG:

50 g	Dinkelflocken, Buchweizenflocken, Amaranthflocken
1 EL	Mandeln
1 EL	Walnusskerne
1 EL	Rosinen

[entspricht der Basis White Plains]

ÜBRIGE ZUTATEN:

50 ml	Milch
50 ml	Orangensaft
1 EL	Honig
1 Prise	Zimt
100 g	Naturjoghurt
3–4	Aprikosen (alternativ: 2 EL getrocknete Aprikosen)
einige	Blättchen Minze

ZUBEREITUNG:

1. Müslimischung mit Milch und Orangensaft vermengen und 5 Minuten weichen lassen
2. Honig und Zimt dazugeben
3. Aprikosen waschen, entkernen und in kleine Stücke schneiden
4. Müslimischung in eine Schale geben, Joghurt und Aprikosenstückchen darauf anrichten
5. Minzeblättchen in feine Streifen schneiden und auf das Müsli geben

DESSERT

FRÜHSTÜCK/SNACK

BANANEN-QUARK-MÜSLI
MIT FRISCHEN ERDBEEREN

MÜSLIMISCHUNG:	50 g	Dinkelflocken, Buchweizenflocken, Amaranthflocken	entspricht der Basis White Plains
	1 TL	Sesam	
	1 EL	getrocknete Datteln, gehackt	
	1 EL	Kokosraspeln	

ÜBRIGE ZUTATEN:	100 g	Speisequark (20 %)
	1	Banane
	50 g	frische Erdbeeren
	1 EL	Honig
	50 ml	Milch

ZUBEREITUNG:

1. Die Banane pürieren, mit Quark, Milch und Honig vermischen und glatt rühren
2. Bananenquark mit der Müslimischung vermengen
3. Erdbeeren waschen und vierteln
4. Quark-Müsli-Mischung mit Erdbeerstückchen dekorieren

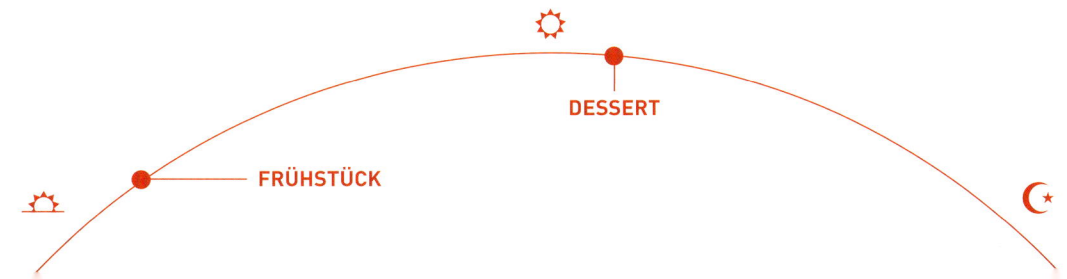

FRÜHSTÜCK

DESSERT

JOGURT-MÜSLI
MIT ERDBEEREN UND CASHEWKERNEN

MÜSLIMISCHUNG:	50 g	Sojaflocken, Reisflocken, Buchweizenflocken
	2 EL	Vollkorncornflakes
	2 EL	Honeyboons (Weizen gepufft mit Honig)
	1 EL	Cashewkerne

⌈ entspricht der ⌉
⌊ Basis Qi ⌋

ÜBRIGE ZUTATEN:	50 g	Naturjogurt
	50 g	Quark
	20 ml	Milch
	50 g	frische Erdbeeren
	1 EL	Honig

ZUBEREITUNG:

1. Flockenmischung 10 Minuten in Wasser einweichen
2. Joghurt, Quark, Milch und Honig cremig rühren
3. Erdbeeren waschen und vierteln
4. Flockenmischung mit der Joghurt-Quarkmischung verrühren
5. Mit Vollkornflakes, Honeyboons und frischen Erdbeeren anrichten

PROTEINHALTIG

FRÜHSTÜCK

AUFGEPEPPTE KLASSIKER

TIPP

Eingeweichtes Getreide hat eine lange Tradition auf dem Speiseplan. Das Bewusstsein, auf diese Art morgens oder abends „etwas Warmes im Bauch" zu haben, ist in vielen Kulturen beheimatet.

Und zu dem guten Gefühl kommt auch noch der positive Effekt, dass eingeweichtes oder gekochtes Getreide leichter verdaulich ist als die ungekochte Variante. Zudem können die Nährstoffe bei dieser Zubereitungsform besser aufgenommen werden.

MOHN-PORRIDGE MIT CRANBERRIES

MÜSLIMISCHUNG:

70 g	Schmelzflocken
1	gehäufter TL Mohn
2 EL	Cranberries

ÜBRIGE ZUTATEN:

30 ml	Wasser
50 ml	Milch
1 Prise	Salz
1 Prise	Zimt
1 TL	Vanillezucker

Honig nach Geschmack

ZUBEREITUNG:

1. Wasser und Milch in einem Topf erhitzen. Schmelzflocken, Mohn und Cranberries hinzufügen und ca. 5 Minuten bei schwacher Hitze köcheln lassen
2. Den Porridge mit Vanillezucker, Salz, Zimt und nach Geschmack mit Honig verfeinern
3. Einige Minuten abkühlen lassen und lauwarm genießen

MAGENSCHONEND

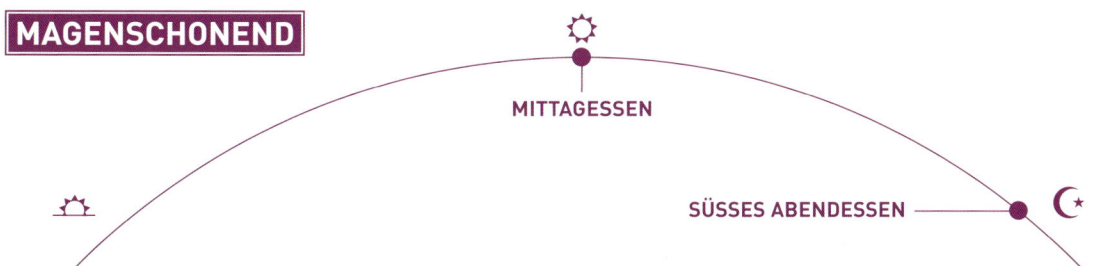

MITTAGESSEN

SÜSSES ABENDESSEN

SAFTIGES APFEL-MÖHREN-BIRCHER

MÜSLIMISCHUNG:	50 g	Dinkelflocken, Gerstenflocken, Weizenflocken, Haferflocken, Roggenflocken
	1 EL	Rosinen
	1 EL	Haselnusskerne
	1	kleine Möhre

> entspricht der Basis Fünf Körner

ÜBRIGE ZUTATEN:	$^1/_2$	Apfel, z. B. Boskop
	1 EL	Honig
	100 g	Naturjoghurt
	80 ml	Milch

ZUBEREITUNG:

1. Flocken mit Milch aufkochen und die Rosinen hinzugeben
2. Über Nacht weichen lassen – bei Zeitmangel genügt es auch, wenn die Flocken mit Milch übergossen werden und nur ein paar Minuten weichen
3. Apfel und Möhre reiben, danach mit der Müslimischung vermengen und mit Joghurt und Honig servieren

MAGENSCHONEND

FRÜHSTÜCK

KOKOS-PORRIDGE
MIT MANDARINEN

[entspricht der
Basis Vollwert]

MÜSLIMISCHUNG:

50 g	Flockenmix aus Gerstenflocken, Dinkelflocken, Haferflocken
2 EL	Kokosraspeln
1 EL	Honig

ÜBRIGE ZUTATEN:

1	Apfel mit roter Schale
1 TL	Zitronensaft
100 ml	Kefir
50 g	Mandarinen aus der Dose

ZUBEREITUNG:

1. Getreideflocken und Kokosraspel mit 100 ml Wasser aufkochen und 2 Minuten leicht köcheln lassen
2. Honig hinzugeben und in eine Schale geben
3. Apfel waschen, vierteln, entkernen, in Stifte schneiden und mit Zitronensaft beträufeln
4. Apfelspalten, Mandarinen und Kefir auf dem Porridge anrichten

FRÜHSTÜCK

KLASSIKER PUR

MÜSLIMISCHUNG:

50 g	Haferflocken
1 EL	Hirseflocken
1 EL	gehackte Mandeln
1 TL	Leinsamen
1 TL	grüne Rosinen

FRISCHE ZUTATEN:

50 g	frische Weintrauben
$\frac{1}{2}$	säuerlicher Apfel, z. B. Boskop

ZUBEREITUNG:

1. Am Vortag Müslizutaten mit Milch vermengen
2. Apfel grob raspeln und zum Müsli geben
3. Über Nacht kühl stellen, am Morgen die Weintrauben entkernen und dem Müsli hinzufügen

[entspricht der
Basis Bircher Deluxe]

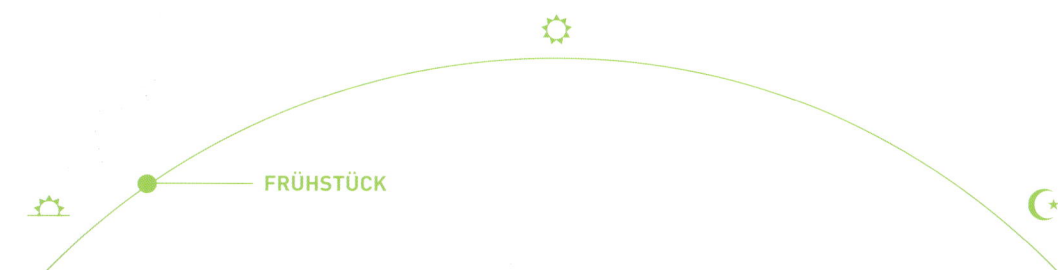

FRÜHSTÜCK

BANANEN-TRAUM

MÜSLIMISCHUNG:	50 g	Schmelzflocken
	1 TL	Leinsamen
	1 TL	gehackte Mandeln
	1 EL	getrocknete Feigen, gehackt
	1 EL	grüne Rosinen
	1 TL	getrocknete Pflaumen
	1 TL	getrocknete Weintrauben

ÜBRIGE ZUTATEN:	100 ml	Milch
	2 EL	Sahne
	1 Prise	Zimt
	$^{1}/_{2}$	Banane

ZUBEREITUNG:

1. Flocken, Rosinen, Feigen, Pflaumen und Weintrauben in Milch einweichen und über Nacht stehen lassen – bei Zeitmangel genügt es auch, wenn die Flocken nur ein paar Minuten in der Milch weichen
2. Banane in Scheiben schneiden
3. Sahne, Banane und eine Prise Zimt zur Flockenmischung geben

FRÜHSTÜCK

DIE EXTRAVAGANTEN

TIPP

In Milch ertränkte, geschmacksneutrale Getreideflocken mit hoher Sättigungsgarantie – wer diese Definition von Müsli verinnerlicht hat, der täuscht sich gewaltig. Und sollte sich von diesem Kapitel mal so richtig überraschen lassen.

Tolle Mischungen mit Zutaten, die man spontan niemals mit einem Müsli kombinieren würde, haben nicht nur ein enormes geschmackliches Überraschungspotenzial, sie sind auch regelrechte Nährstoffbomben, die man problemlos als Sonntagsfrühstück oder als Nachtisch für Gäste servieren kann. Es muss nicht immer Mousse au chocolat sein ...

MANDELMUSMÜSLI
MIT HAFERMILCH

MÜSLIMISCHUNG:

6 EL	Haferflocken
2 EL	Amaranthflocken
1 EL	Kokosraspeln
1 EL	getrocknete Apfelstückchen
1 EL	getrocknete Erdbeerstückchen

FRISCHE ZUTATEN:

$\frac{1}{2}$	Mango in Stückchen geschnitten
1 TL	Mandelmus (am besten weißes)
200–250 ml Hafermilch	

ZUBEREITUNG:

1. Mandelmus in die Müslischüssel geben, langsam (!) die Hafermilch dazugeben und gut verrühren
2. Müsli untermischen und etwa 10–15 Minuten stehen lassen
3. Währenddessen die Mango in Stücke schneiden und zum Müsli geben

TIPP:

Bio-Hafermilch ist eine pflanzliche Alternative zu Milch. Sie eignet sich bei Laktose- und Kuhmilch-Unverträglichkeit.

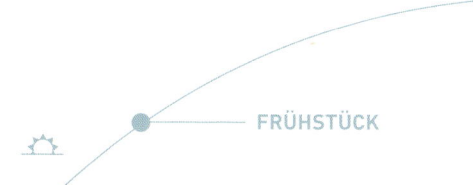

FRÜHSTÜCK

FRÜHSTÜCK
AUS 1001 NACHT

MÜSLIMISCHUNG:		
70 g	Instant-Couscous
1 EL	getrocknete Aprikosen
2 EL	Haselnusskerne
2 EL	Pistazienkerne

ÜBRIGE ZUTATEN:		
80 ml	milder Orangensaft
80 ml	Milch
3	Aprikosen
100 g	Naturjoghurt
1 TL	flüssiger Honig
1 Prise	Zimt
1 Prise	Kardamom
	Minzeblättchen zum Garnieren

ZUBEREITUNG:

1. Milch und Orangensaft in einen Topf geben und erhitzen
2. Getrocknete Aprikosen klein hacken und zusammen mit dem Couscous in den Topf dazugeben
3. Frische Aprikosen waschen, entkernen, in kleine Stückchen schneiden und ebenfalls zum Couscous geben
4. Topf vom Herd nehmen, mit einem Tuch abdecken und ca. 15. Minuten quellen lassen
5. In der Zwischenzeit Haselnüsse und Pistazien in einer Pfanne ohne Fett kurz anrösten und anschließend in den Couscous einrühren
6. Joghurt mit dem Honig glatt rühren, in eine Müslischale geben und die Couscousmischung über den Joghurt geben
7. Couscous etwas mit Zimt bestäuben und mit Minzeblättchen garniert servieren

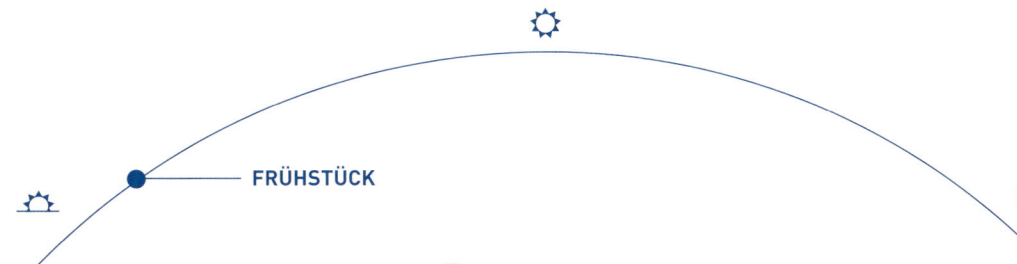

FRÜHSTÜCK

MÜSLIBROT MIT
FEIGEN UND PISTAZIEN

MÜSLIMISCHUNG:

150 g Flockenmischung aus Weizenflocken, Hafer-flocken, Roggenflocken, Dinkelflocken, Gerstenflocken

[entspricht der Basis Fünf Körner]

50 g getrocknete Aprikosen

50 g Pistazien

50 g Feigen

zum Bestreuen des Brotes etwas von der Müslimischung zurückbehalten

ÜBRIGE ZUTATEN:

30 g Honig

100 ml Wasser

150 ml Milch

50 g Naturjoghurt

350 g dunkles Weizenmehl (Type 1050)

30 g Frischhefe

50 ml Wasser zum Auflösen der Hefe

1 Prise Salz

1 Ei zum Bestreichen

etwas Müslimischung zum Bestreuen

ZUBEREITUNG:

1. Aprikosen und Feigen in ca. 1 cm große Stückchen schneiden

2. Flockenmischung, Aprikosen und Feigen mit Milch, 100 ml Wasser und Honig verrühren und 30 Minuten quellen lassen

3. Pistazien zur Flockenmischung hinzufügen, Hefe in 50 ml Wasser auflösen, zu den Flocken geben, danach Mehl und Früchtemischung hinzufügen

4. Etwa 5 Minuten kneten, dann Salz hinzugeben, nochmals 5 Minuten kneten, bis sich der Teig von der Schüssel löst

5. Teig in eine leicht geölte Schüssel legen und 1 Stunde abgedeckt gehen lassen

6. Arbeitsfläche mit Mehl bestäuben. Teig in 2 Hälften teilen, beide Hälften rund formen und abgedeckt 10 Minuten ruhen lassen.

7. Brote oval formen, darauf achten, dass die Oberfläche des Teigs intakt bleibt

8. Brote mit verquirltem Ei bestreichen und mit der zurückbehaltenen Müslimischung bestreuen

9. Auf Backpapier setzen und nochmals 30 Minuten ruhen lassen

10. Backofen auf 220 °C vorheizen. Brote mit dem Backpapier auf das heiße Blech (mittlere Schiene) legen, mit etwas Wasser bespritzen und ca. 30 Minuten backen

11. Auf einem Rost auskühlen lassen

GEFÜLLTE PANCAKES
MIT MANGOSAUCE

FÜR DIE BIRCHER-FÜLLUNG:

100 ml	Wasser
150 g	Schmelzflocken
80 ml	Sahne
20 g	Mandeln
20 g	Haselnüsse
20 g	Walnüsse
	abgeriebene Schale und Saft einer halben unbehandelten Zitrone
2	säuerliche Äpfel, z. B. Boskop

FÜR DIE PANCAKES:

2 EL	Honig
2 EL	Butter
250 g	Mehl
1	Päckchen Backpulver
1	Päckchen Vanillezucker
1 Prise	Salz
500 ml	Milch
4	Eier (Größe M)
	Fett zum Backen

ZUBEREITUNG DER BIRCHER-FÜLLUNG:

1. Sahne, Honig und Haferflocken in 100 ml heißes Wasser einrühren, 20 Minuten weichen lassen, dann Nüsse und Mandeln dazu geben
2. Äpfel waschen, entkernen, mit der Schale raspeln, mit dem Zitronensaft unter die eingeweichten Haferflocken rühren und eine halbe Stunde weichen lassen

ZUBEREITUNG DER PANCAKES:

1. Mehl, Backpulver, Salz und Milch verrühren, danach Eier, Butter, Vanillezucker und Zitronenschale unterschlagen
2. Butter in der Pfanne erhitzen, Pancakes backen und im Ofen warm halten
3. Jeden Pancake zur Hälfte mit der Birchermischung bestreichen, die andere Seite darüber schlagen und mit Mangosauce oder Puderzucker garnieren

TIPP:

Mangosauce kann man auch selbst zubereiten: Mango schälen, in Stücke schneiden, in einen Topf geben, mit 1 EL Zucker bestreuen und kurz aufkochen lassen. Danach pürieren und kalt stellen.

MÜSLI AUS DEM OFEN
MIT KARAMELLISIERTEN BANANEN

FÜR 4 PORTIONEN

200 g MÜSLIMISCHUNG AUS:

150 g	Gerstenflocken, Haferflocken, Honeyboons, Kokosraspel
2 EL	Dinkelflocken
2 EL	getrocknete Apfelstücke
2 EL	Datteln
2 EL	Feigen

[entspricht der Basis Tropica]

ÜBRIGE ZUTATEN:

125 ml	Apfelsaft
1	Apfel
150 g	Joghurt
1 EL	Butter
1 EL	brauner Zucker
2–3	Früchte nach Wahl (z. B. Banane, Apfel, Aprikose)

ZUBEREITUNG:

1. Am Vortag Datteln und Feigen grob hacken und die komplette Müslimischung mit dem Saft einweichen
2. Apfel grob raspeln, einrühren und über Nacht ziehen lassen
3. Am Morgen den Joghurt unters Müsli rühren
4. Müsli in 4 kleine Auflaufförmchen füllen
5. Die frischen Früchte in Spalten oder Scheiben schneiden und auf dem Müsli verteilen
6. Butterflöckchen auf dem Müsli setzen und mit braunem Zucker bestreuen
7. Backofen auf 250 °C vorheizen und – wenn vorhanden – den Grill zuschalten. Auf der obersten Schiene etwa 5 Minuten überbacken oder grillen, bis der braune Zucker auf den Früchten karamellisiert. Warm servieren.

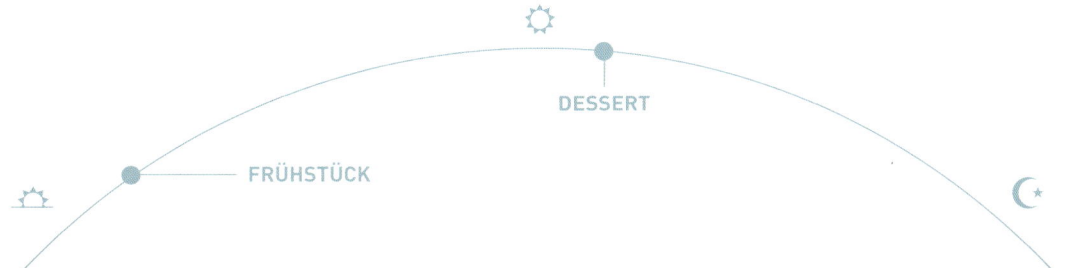

DESSERT

FRÜHSTÜCK

MÖHREN**MUFFINS**

ERGIBT 12 MUFFINS

200 g MÜSLIMISCHUNG AUS:

Weizenflocken, Hafer-flocken, Roggenflocken, Dinkelflocken, Gerstenflocken [entspricht der **Basis Fünf Körner**]

Rosinen nach Geschmack

100 g   gehackte Mandeln

ÜBRIGE ZUTATEN:

300 g   Mehl
3 TL   Backpulver
1 TL   Natron

80 g	brauner Zucker
2 EL	Zuckerrüben-Sirup
120 g	weiche Butter
3	Eier
200 g	Naturjoghurt
200 g	Möhren
3 TL	frisch gepresster Zitronensaft
	abgeriebene Schale von einer Zitrone
1 TL	Zimt
100 ml	Milch

ZUBEREITUNG:

1. Ofen auf 180 °C (Heißluft) vorheizen
2. Möhren raspeln und zur Seite stellen
3. In einer großen Schüssel Butter und braunen Zucker mit einem Handrührgerät gut mit-einander vermischen
4. Nach und nach alle weiteren feuchten Zutaten (Zuckerrüben-Sirup, Eier, Joghurt, Milch, Zitronensaft, abgeriebene Zitronenschale) hinzugeben
5. In einer zweiten Schüssel alle trockenen Zutaten gut vermischen (Müslimischung, Mehl, Back-pulver, Natron, Zucker, Mandeln, Rosinen, Zimt)

6. Trockene und feuchte Zutaten miteinander vermischen, zuletzt Möhren unterheben
7. Muffinförmchen fetten (oder mit Papierförm-chen auslegen) und füllen
8. Muffins im vorgeheizten Ofen (180 °C) etwa 30 Minuten backen
9. In der Form ca. 5 Minuten auskühlen lassen. Muffins herausnehmen und auf einem Gitter komplett erkalten lassen.
10. Nach Geschmack mit Puderzucker bestreuen oder mit Kuvertüre überziehen

NACHMITTAGSSNACK ZUM KAFFEE

FRÜHSTÜCK

FRÜHLINGS-
KRESSE-MÜSLI

[entspricht der
Basis Bircher Deluxe]

MÜSLIMISCHUNG:

50 g	kleinblättrige Haferflocken
2 EL	getrocknete Cranberries
2 EL	gehackte Mandeln

ÜBRIGE ZUTATEN:

1	rotschalige Apfel, z. B. Boskop
1 TL	frisch gepresster Zitronensaft
2 EL	Ahornsirup
150 g	Vanille-Joghurt
1	Kressebeet

ZUBEREITUNG:

1. Die Haferflocken und Cranberries in ca. 150 ml kaltes Wasser einrühren und zugedeckt über Nacht im Kühlschrank quellen lassen
2. Die Äpfel waschen, vierteln, entkernen, grob reiben und unter die Haferflocken rühren
3. Zitronensaft, Ahornsirup und Vanille-Joghurt unterrühren
4. Kresse abschneiden, Müsli in Schälchen verteilen und mit Kresse und Mandeln garnieren

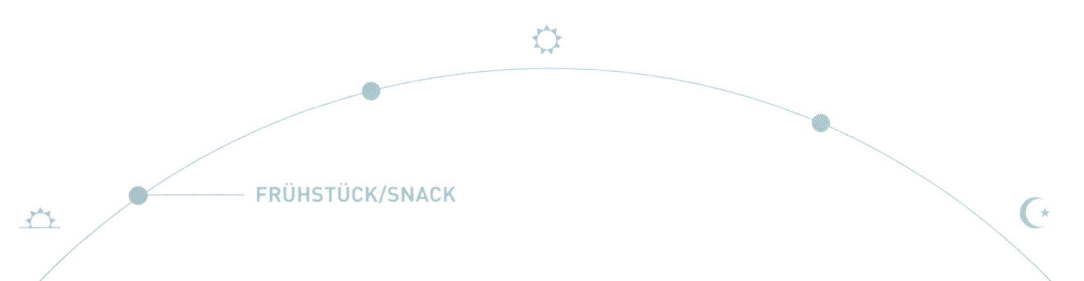

FRÜHSTÜCK/SNACK

MÜSLI**RIEGEL**

ERGIBT ETWA 20 MÜSLIRIEGEL

500 g MÜSLIMISCHNUNG AUS:

400 g	Vollkorn-Cornflakes, Buchweizenflocken, Gerstenflocken, Mohnsamen [entspricht der Basis C´Mohn]
3 EL	Haferflocken
3 EL	Amaranth gepufft
3 EL	Sonnenblumenkerne
2 EL	Sesam
3 EL	Haselnüsse
3 EL	Kokoschips
3 EL	getrocknete Aprikosen
3 EL	getrocknete Cranberries

ÜBRIGE ZUTATEN:

50 g	Butter
100 g	Zucker
100 g	Honig
1 TL	Zitronensaft

ZUBEREITUNG:

1. Butter, Zucker, Honig und Zitronensaft in einen hohen Topf geben, unter Rühren zum Kochen bringen und 3–4 Minuten kochen, bis die Masse zu karamellisieren beginnt

2. Müslimischung unterrühren und solange rühren, bis alles eine dunkle Färbung bekommt

3. Die warme Masse sofort auf ein mit Backpapier belegtes Backblech verteilen und zu einem Quadrat von circa 30 x 30 cm ausrollen

4. Nach etwa 15 Minuten in Riegel schneiden, auskühlen lassen und trocken aufbewahren

SNACK, FÜR ZWISCHENDURCH, IM BÜRO, AUF REISEN

DIE KNUSPRIGEN

TIPP

Knuspermüslis sind optimal für alle, die ihr Müsli nicht matschig mögen, sondern morgens oder zwischendurch „was zwischen den Zähnen" brauchen.

Zudem wirkt sich das ausgiebige Kauen positiv auf das Verdauungssystem aus und auch das Sättigungsgefühl hält lange an.

Das gebackene Müsli ist zwar kalorienreicher als die klassischen, naturbelassenen Getreidemischungen, aber wer die in Honig gebackenen Flocken, Nüsse, Kerne und Samen abends pur als alternative Knabbervariante probiert hat, der greift auch sicher morgens gerne mal zu diesen knusprigen Leckereien.

HAFERKNUSPERMÜSLI
MIT MOHNSAMEN UND BANANE

MÜSLIMISCHUNG:

50 g	Müsli-Mischung aus Vollkorn-Cornflakes, Buchweizenflocken, Gerstenflocken, Mohnsamen
3 EL	Hafer-Crunchy
1 EL	Sonnenblumenkerne
1 EL	Rosinen

[entspricht der Basis C´Mohn]

FRISCHE ZUTATEN:

½	Banane
100 ml	Milch

ZUBEREITUNG:

1. Banane schälen und in Scheiben schneiden
2. Milch zur Müslimischung geben
3. Müsli mit den Bananenscheiben dekorieren

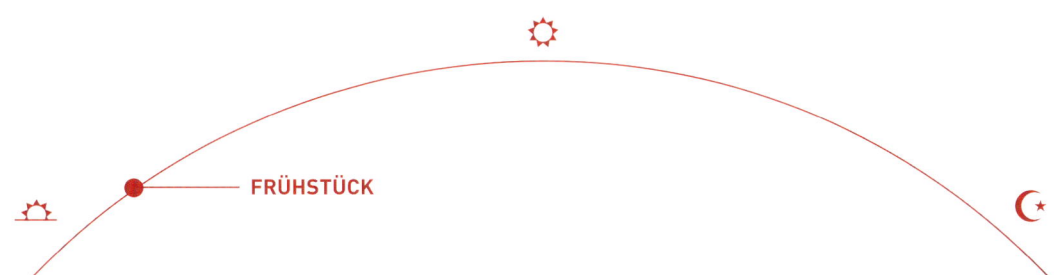

FRÜHSTÜCK

ORANGEN-FEIGEN-KNUSPER-MÜSLI

MÜSLIMISCHUNG:	50 g	Gerstenflocken, Haferflocken, Honeyboons, Kokosraspel
	1 EL	getrocknete Feigen, gehackt
	2 EL	Joghurt-Orangen-Crunchy (Je nach Geschmack durch Hafer-Crunchy oder Schoko-Crunchy zu ersetzen)
	2 EL	Schokocornflakes

[entspricht der Basis Tropica]

Extra-Zutat mymuesli

FRISCHE ZUTATEN:	1	Orange
	100 ml	Milch

ZUBEREITUNG:

1. Orange schälen und in kleine Stücke schneiden
2. Müslizutaten vermengen und Milch hinzufügen
3. Müsli mit dem Obst dekorieren

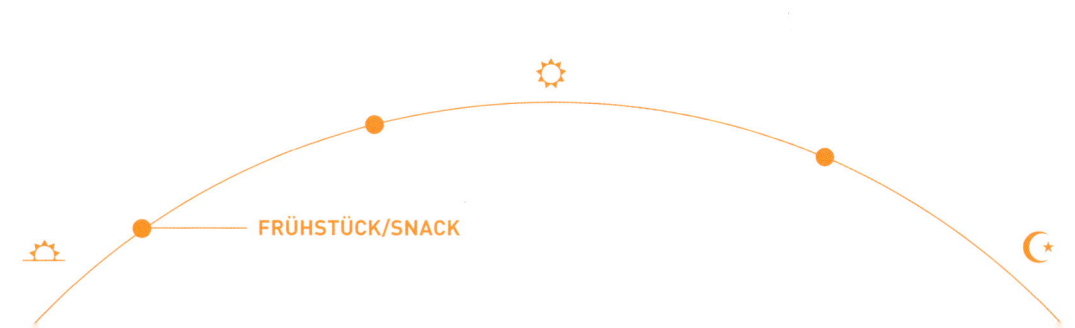

FRÜHSTÜCK/SNACK

SCHOKOKNUSPER
MIT MANGOWÜRFELN

MÜSLIMISCHUNG:

50 g	Basis Schoko Crunch, alternativ Schokoknusper-Müsli
1 EL	Amaranthflocken
1 TL	Hirseflocken
2 EL	Dinkel gepufft
2 EL	Vollkorn-Cornflakes
1 EL	Cranberries
1 EL	Pistazienkerne
1 EL	Corn-Crisper

Extra-Zutat mymuesli

(Mit etwas Fantasie kann man diese mit weißer Schokolade überzogenen Knusperflakes beispielsweise durch klein gehackte weiße Schokolade ersetzen ...)

FRISCHE ZUTATEN:

1/2	Mango
100 ml	Milch oder 100 g Naturjoghurt

ZUBEREITUNG:

1. Mango schälen und in Würfel schneiden
2. Müslizutaten vermischen und mit Milch oder Joghurt anrichten
3. Müsli mit den Mangostückchen dekorieren

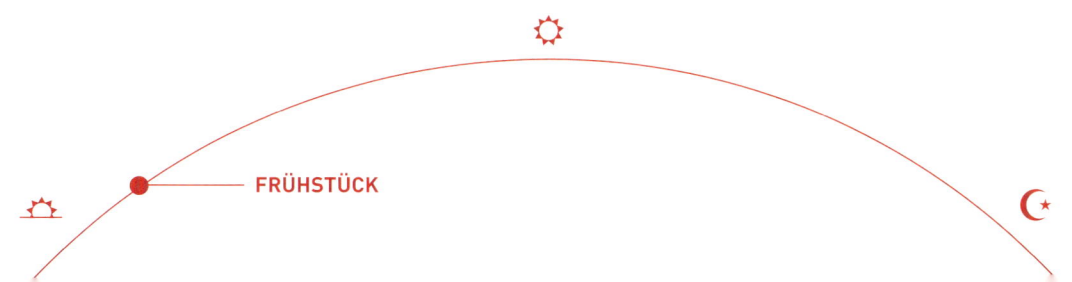

FRÜHSTÜCK

HIMMLISCH
CRUNCHIG

MÜSLIMISCHUNG:

50 g	Knusperflocken aus Haferflocken, Weizenflocken, Gerstenflocken, Puffreis, Honig, Zimt
1 EL	Sojaflocken
2 EL	Apfel-Zimt-Crunchy
2 EL	Schokoholic-Crunchy (alternativ: Schokoknusper)
1 EL	Haselnusskerne
1 EL	Walnusskerne

[entspricht der
Basis Crunchy and Oat]

FRISCHE ZUTAT: 100 ml Milch

ZUBEREITUNG: Müslimischung mit Milch übergießen

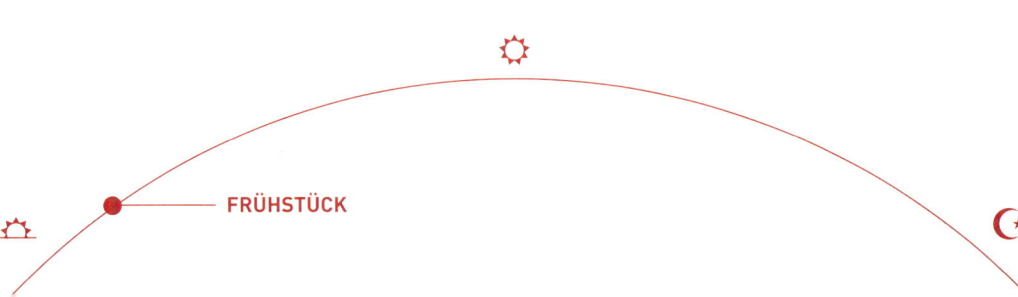

FRÜHSTÜCK

SOJA-TRAUM

MÜSLIMISCHUNG:	50 g	Sojaflocken, Reisflocken, Buchweizenflocken
	1 TL	Leinsamen
	1 EL	Macadamianüsse
	1 El	Kürbiskerne
	1 EL	Pinienkerne
	1 EL	getrocknete Mango
	1 EL	Kokosraspeln
	1 EL	grüne Rosinen
	1 EL	Joghurt-Orangen-Crunchy

⎡ entspricht der
Basis Qi ⎤

Extrazutat mymuesli

FRISCHE ZUTAT:	100 ml	Sojamilch

ZUBEREITUNG:	Alle Müslizutaten vermischen und mit Sojamilch übergießen

VEGAN DURCH SOJAMILCH

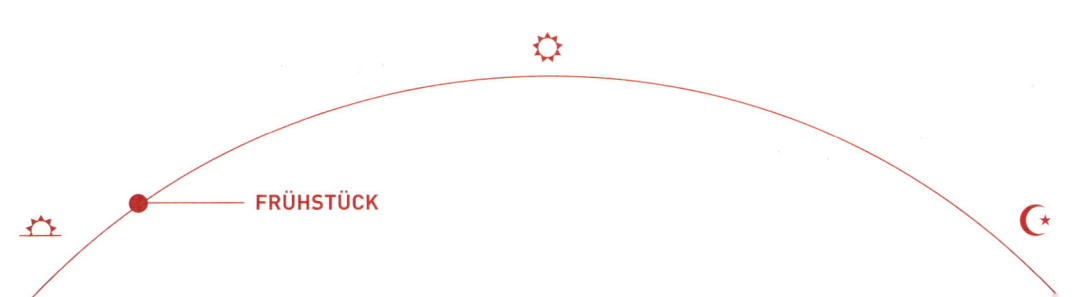

FRÜHSTÜCK

DIE
SCHOKOLADIGEN

TIPP

Schokoholics auf-
gepasst – hier wird das
Müsli zum Kakao!

Schokolade ist bei weitem nicht nur ein
Karies und Hüftgold fördernder
Süchtigmacher. In Maßen genossen haben die
hochwertigen Inhaltsstoffe des Kakaos einen
durchaus positiven Effekt auf unsere
Gesundheit. In Schokolade ist beispielsweise die
Aminosäure Tryptophan enthalten, aus der
unser körpereigenes Glückshormon, das
Serotonin, gebildet wird. Doch Vorsicht: Nur
maßvoller Genuss kann wirklich glücklich
machen. Denn spätestens wenn man am
Spiegel vorbeikommt, hilft auch die
größte Dosis Serotonin nicht mehr,
um über die schokoladigen
Pfunde hinwegzutrösten.

HIMBEER-
SCHOKO-MÜSLI

MÜSLIMISCHUNG:

50 g	Haferflocken, Chocolate Boons, Schokoplättchen, Schoko-Cornflakes, Haferkleie
1 EL	Amaranth gepufft
1 EL	Kokoschips
1 EL	Pistazien

[entspricht der Basis Chocolate-Dream]

FRISCHE ZUTATEN:

30 g	frische Himbeeren (alternativ: getrocknete Himbeeren)
30 g	frische Heidelbeeren
100 ml	Milch

ZUBEREITUNG:

1. Milch zur Müslimischung Milch geben
2. Müsli mit frischen Himbeeren und Heidelbeeren dekorieren

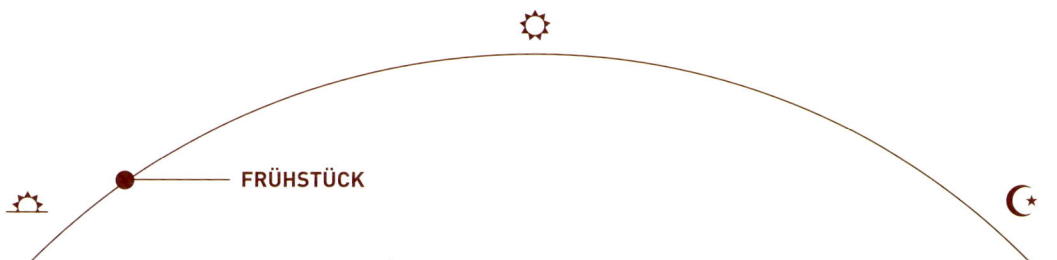

FRÜHSTÜCK

SCHOKO-
FRÜCHTE-MÜSLI

MÜSLIMISCHUNG:	50 g	Haferflocken, Chocolate Boons, Schokoplättchen, Schoko-Cornflakes, Haferkleie
	1 EL	Sojaflocken
	2 EL	Schoko-Cornflakes
	1 EL	Bananenchips
	1 EL	grüne Rosinen
	1 EL	getrocknete Pflaumen

[entspricht der Basis
Chocolate-Dream]

FRISCHE ZUTATEN:	50 g	Erdbeeren (alternativ: 1 EL getrocknete Erdbeeren)
	50 g	Aprikosen (alternativ: 1 EL getrocknete Aprikosen)
	100 ml	Milch

ZUBEREITUNG:

1. Erdbeeren und Aprikosen waschen und in kleine Stücke schneiden
2. Milch zur Müslimischung geben
3. Obst auf dem Müsli dekorieren

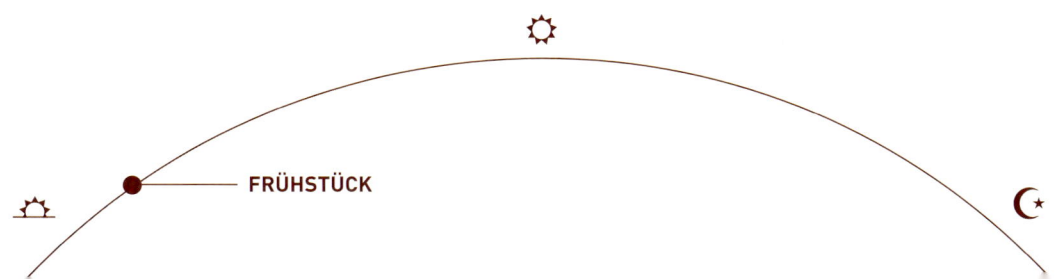

FRÜHSTÜCK

MÜSLI MIT **DUNKLER SCHOKOLADE, KIRSCHEN UND** BLAUEN TRAUBEN

MÜSLIMISCHUNG:

50 g	Haferflocken, Chocolate Boons, Zartbitter-Schokoplättchen, Schoko-Cornflakes, Haferkleie
2 EL	Amaranthflocken
1 TL	Mohnsamen

[entspricht der Basis Chocolate-Dream]

FRISCHE ZUTATEN:

circa 10 Kirschen (alternativ: getrocknete Sauerkirschen)

circa 10 blaue Weintrauben (alternativ: getrocknete Weintrauben)

100 ml Milch oder 100 g Naturjoghurt

ZUBEREITUNG:

1. Kirschen und Weintrauben waschen und entkernen
2. Müslimischung mit Milch oder Joghurt vermengen
3. Obst über das Müsli geben
4. Nach Lust und Laune zusätzlich Zartbitter-Schokoplättchen darüber streuen

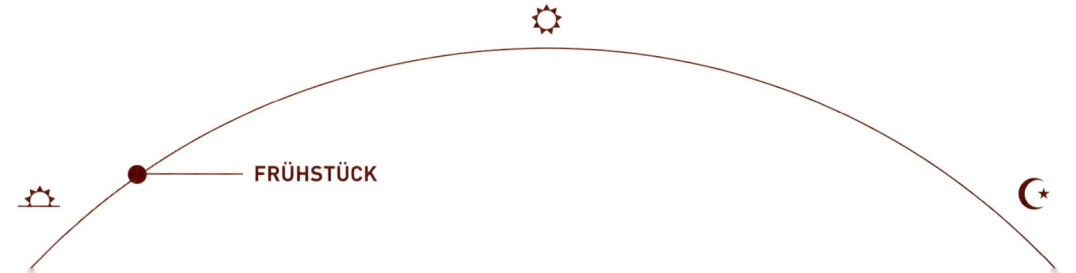

FRÜHSTÜCK

VERFÜHRUNG
IN WEISS

MÜSLIMISCHUNG:	50 g	Gerstenflocken, Haferflocken, Honeyboons, Kokosraspel	entspricht der Basis Tropica
	2 EL	Corn-Crisper (Cornflakes mit weißer Schokolade überzogen)	
	1 EL	Cranberry-Chocs (Cranberrys mit weißer Schokolade überzogen)	
	2 EL	Banana-Chocs (Bananenchips mit weißer Schokolade überzogen)	

FRISCHE ZUTATEN: 50 g frische Erdbeeren

100 ml Milch

ZUBEREITUNG:

1. Erdbeeren waschen und vierteln

2. Milch zur Müslimischung geben

3. Obst über dem Müsli verteilen

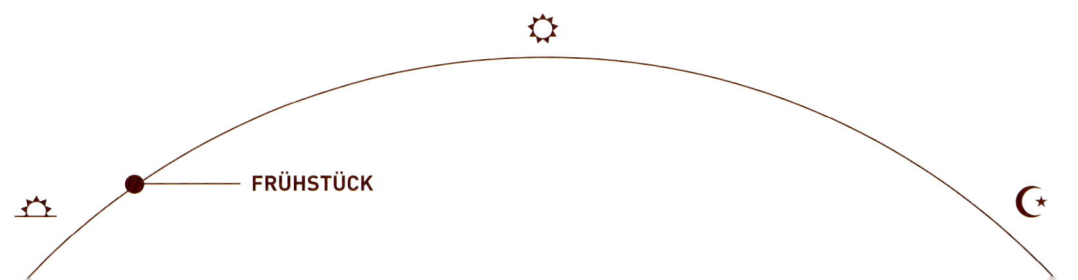

FRÜHSTÜCK

DIE SPORTLICHEN

TIPP

Gute Kohlehydrate, Vitamine, Mineralstoffe und Spurenelemente, wie sie in Nüssen, Samen und Obst enthalten sind – das ist der ideale Mix für Sportler.

Allerdings sollten diese Powermischungen auf jeden Fall mit Vollmilch oder zumindest mit nur moderat fettreduzierter Milch (1,5 %) zubereitet werden, denn Magermilch ist, was den Vitamingehalt angeht, kaum von weiß gefärbtem Wasser zu unterscheiden – und vom Geschmack reden wir erst gar nicht.

FÜR
KRAFTSPORTLER

MÜSLIMISCHUNG:	50 g	Gerstenflocken, Dinkelflocken, Haferflocken
	1 TL	Leinsamen
	1 EL	Sojaflocken
	1 EL	Sonnenblumenkerne
	1 EL	Kürbiskerne
	1 EL	gehackte Mandeln
	1 EL	getrocknete Feigen, gehackt
	2 EL	Hafer-Crunchy

[entspricht der Basis Vollwert]

FRISCHE ZUTATEN:	50 g	frische Erdbeeren (alternativ: 1 EL getrocknete Erdbeeren)
	100 ml	Milch

ZUBEREITUNG:

1. Erdbeeren waschen und vierteln
2. Milch zur Müslimischung geben
3. Obst auf dem Müsli verteilen

Dieses Müsli hat einen sehr hohen Eiweißgehalt und ist deshalb ideal für Kraftsportler. Proteine sind im Kraftsport für eine schnelle Erholung, optimalen Muskelaufbau und als Schutz für das Bindegewebe sehr wichtig. Aber keine Sorge, es schmeckt nicht nach trockenem Kraftfutter, sondern fruchtig, kernig und super-saftig.

FRÜHSTÜCK ODER NACH DEM TRAINING

FÜR
AUSDAUERSPORTLER

MÜSLIMISCHUNG: 50 g   Knusperflocken aus Haferflocken, Weizenflocken, Gerstenflocken, Puffreis, Honig, Zimt   [entspricht der Basis Crunchy and Oat]

1 EL   Cashewkerne

1 EL   getrocknete Cranberries

1 EL   getrocknete Papaya

1 EL   getrocknete Mango

1 EL   Rosinen

2 EL   Vollkorn-Cornflakes

FRISCHE ZUTAT: 100 ml   Milch

ZUBEREITUNG: Milch zur Müslimischung geben

Für Ausdauersportler sind Kohlenhydrate der wichtigste Brennstoff. Um bei einer längeren Belastung frühzeitigem Leistungseinbruch vorzubeugen, müssen die Speicher richtig gefüllt sein. Das Müsli ist ideal für Läufer, Radfahrer & Co, denn es besteht zu über 62 Prozent aus gut bekömmlichen Kohlenhydraten.

FRÜHSTÜCK ODER ZWEI BIS DREI STUNDEN VOR DEM SPORT

FÜR
FIGURBEWUSSTE

MÜSLIMISCHUNG:	50 g	Weizenflocken, Haferflocken, Roggenflocken, Dinkelflocken, Gerstenflocken
	1 EL	Buchweizenflocken
	2 EL	Vollkorn-Cornflakes
	1 EL	grüne Rosinen
	1 EL	getrocknete Cranberries
	1 EL	getrocknete Himbeeren

[entspricht der
Basis Fünf Körner]

FRISCHE ZUTATEN:	1	Apfel (alternativ: getrocknete Apfelstücke)
	100 ml	fettarme Milch

ZUBEREITUNG:

1. Apfel grob raspeln
2. Milch zur Müslimischung geben
3. Geraspelten Apfel hinzufügen

Das ideale Müsli für Figurbewusste, denn es sorgt bei niedrigem Fettanteil und gleichzeitig hohem Ballaststoffgehalt für langanhaltende Sättigung. Und schmeckt wunderbar fruchtig und knusprig.

FRÜHSTÜCK ODER ZWISCHENMAHLZEIT

TRIATHLON-
MÜSLI

MÜSLIMISCHUNG:

50 g	Weizenflocken, Haferflocken, Roggenflocken
1 EL	Rosinen
1 EL	Haselnusskerne
1 EL	Cashewkerne
1 EL	Chocolate Boons Extra-Zutat mymuesli
1 EL	Walnusskerne
1 EL	Kokosraspeln

[entspricht der Basis Wednesday]

FRISCHE ZUTATEN:

50 g	frische Beeren (z. B. Erdbeeren/Heidelbeeren/Himbeeren)
100 ml	Milch

ZUBEREITUNG:

1. Beeren waschen
2. Milch zur Müslimischung geben
3. Beeren auf dem Müsli anrichten

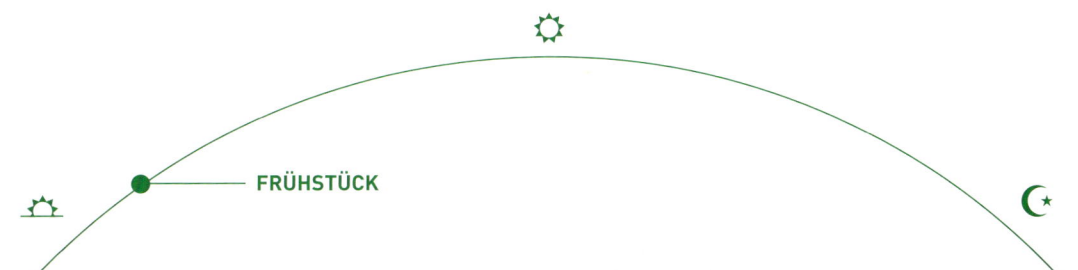

FRÜHSTÜCK

LÄUFER-MÜSLI

MÜSLIMISCHUNG:	50 g	Weizenflocken, Haferflocken, Roggenflocken
	1 EL	Sojaflocken
	1 EL	Rosinen
	1 EL	Haselnusskerne
	1 El	getrocknete Apfelstücke
	2 EL	Vollkorn-Cornflakes
	1 EL	Walnusskerne

[entspricht der Basis Wednesday]

| FRISCHE ZUTATEN: | 50 g | Ananas (alternativ: 1 EL getrocknete Ananasstückchen) |
| | 100 ml | Milch |

ZUBEREITUNG:

1. Ananas schälen und in Stücke schneiden

2. Milch zur Müslimischung geben

3. Obst auf dem Müsli anrichten

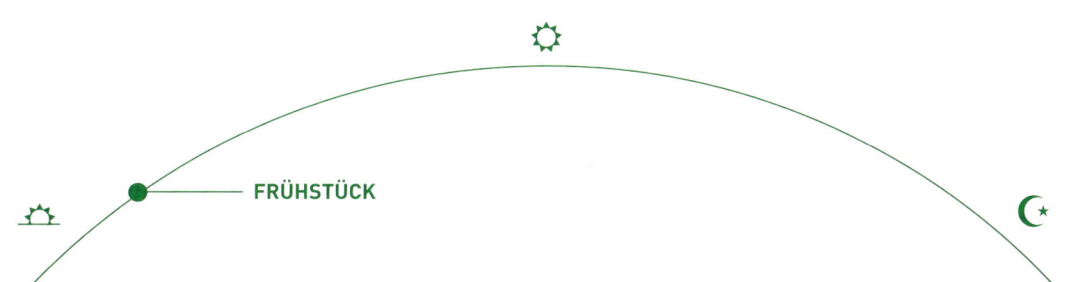

FRÜHSTÜCK

FÜR KINDER

TIPP

„Igitt, bäh, Müsli, nöö, das ess ich nicht. Auf gar keinen Fall ess ich das!!" Wenn Ihr Kind auch zu der Spezies gehört, bei der schon das Aussprechen des Unwortes zur Verweigerung der Nahrungsaufnahme führt, dann lohnt es sich, mit diesen Kindermüsli-Rezepten einen neuerlichen Versuch zu starten. Als optischer Appetizer und lustiger Hingucker im Küchenschrank sind die eigens für die drei neuen Kindermischungen von mymuesli gestalteten Kindermüslidosen schon mal ein farbenfrohes, kinderfreundliches Argument, vorsichtig das kulinarische Tauwetter einzuleiten. Zugegeben, eine Aufess-Garantie können wir nicht geben. Aber wie das so ist mit den Garantien im Leben, manchmal sind es ja die Wahrscheinlichkeiten, die das Leben entspannter machen. Und wahrscheinlich werden sich die kleinen Körnerverweigerer zukünftig nur des gewohnten Motztones bedienen, wenn die Dosen leer sind. Und wie nach dem Genuss von allen mit Bedacht zusammengestellten Müslimischungen, stellt sich auch bei diesen der Hunger erst mal nicht so schnell wieder ein.

SCHOKO-BANANEN-TRAUM

MÜSLIMISCHUNG:

50 g	Schoko Crunch (Schokoknuspermüsli)
1 EL	Haselnusskerne
1 EL	Schokoplättchen
1 EL	Kokosraspeln
1 EL	Cranberry Chocs (Cranberrys mit weißer Schokolade überzogen) *Extrazutat mymuesli*

FRISCHE ZUTATEN:

1/2	Banane (alternativ: getrocknete Bananen)
100 ml	Milch (alternativ: Sojamilch)

ZUBEREITUNG:

1. Banane schälen und in Scheiben schneiden
2. Müslimischung mit Milch anrichten
3. Obst zum Müsli geben

FRÜHSTÜCK

SCHWEDISCHES
APFELMUS

MÜSLIMISCHUNG:

50 g	Weizenflocken, Haferflocken, Roggenflocken, Dinkelflocken, Gerstenflocken
2 EL	Hafer-Crunchy
2 EL	Apfel-Zimt-Crunchy

entspricht der
Basis Fünf Körner

FRISCHE ZUTATEN:

100 ml	Apfelmus
100 g	Vanillepudding (alternativ: Vanillequarkzubereitung)

ZUBEREITUNG:

1. Müslizutaten miteinander vermischen
2. Immer abwechselnd Apfelmus, Müsli und Vanillepudding (Quarkzubereitung) in ein Glas schichten

DESSERT

PIRATENMÜSLI

MÜSLIMISCHUNG:

50 g	Basismischung Crunchy and Oat
1 TL	Schokoplättchen
1 EL	Chocolate Boons
1 EL	gehackte Mandeln
1 EL	Sonnenblumenkerne
1 EL	getrocknete Apfelstücke
1 EL	getrocknete Sauerkirschen
1 EL	Amaranth gepufft
1 EL	Vollkorn-Cornflakes

FRISCHE ZUTAT: 100 ml Milch

ZUBEREITUNG: Einfach Milch über die Müslimischung geben und dann:
Piraten Lea, Moritz, Paul und Till – ran ans Frühstück!

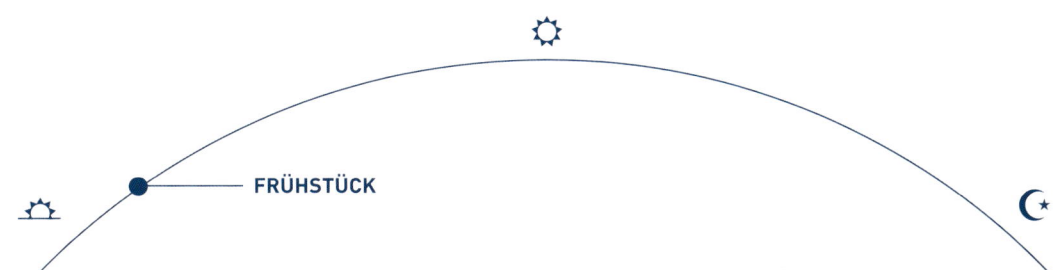

FRÜHSTÜCK

PRINZESSINNEN-
MÜSLI

MÜSLIMISCHUNG:	50 g	Basismischung Crunchy and Oat
	1 EL	Cranberry-Chocs (Cranberries mit weißer Schokolade überzogen, alternativ normale Cranberries)
	1 EL	getrocknete Erdbeeren
	1 EL	getrocknete Himbeeren
	1 TL	Sesam
	1 EL	Amaranth gepufft
	1 EL	Vollkorn-Cornflakes

MÜSLIMISCHUNG mymuesli PUR

FRISCHE ZUTAT:	100 ml	Milch

ZUBEREITUNG: Milch über die Müslimischung gießen, und dann darf die kleine Prinzessin am Frühstückstisch Platz nehmen!

FRÜHSTÜCK

HÄNSEL UND GRETEL-
MÜSLI

MÜSLIMISCHUNG:	50 g	Basismischung Wednesday
	1 TL	Schokoplättchen
	2 EL	Schokoknuspermüsli (Schokoholic-Crunchy)
	1 EL	Haselnusskerne
	1 EL	getrocknete Apfelstückchen
	1 EL	grüne Rosinen
	2 EL	Dinkel gepufft
	1 TL	Leinsamen

MÜSLIMISCHUNG
mymuesli
PUR

FRISCHE ZUTAT: 100 ml Milch

ZUBEREITUNG: Milch zum Müsli geben und schon kann's losgehen mit einem märchenhaften Frühstück!

☼

☼ ●————— FRÜHSTÜCK   ☾

Die Ernährungstipps zu Beginn eines jeden Kapitels wurden von der erfahrenen Diplom-Oecotrophologin Sabrina Bardas zusammengestellt.

Die VDO$_E$-Ernährungsberaterin, die über die Quetheb-Registrierung (Qualifikationsnachweis zur Ausübung der Ernährungstherapie und Ernährungsberatung) für Ernährungstherapie verfügt, war schon während des Studiums der Oecotrophologie als Referentin für Sporternährung tätig und wirkte in der Produktentwicklung hochwertiger Sporternährungsprodukte mit. Nach ihrem Abschluss bildete sie sich im Bereich der orthomolekularen Medizin weiter. Die Begeisterung für eine Ernährung mit Spaß und Genuss gibt die 28-Jährige nun in ihrem eigenen Unternehmen **„essbar – das genusscoaching"** (www.ess-bar-das.de) in Einzelberatungen, Gruppenkursen, Vorträgen und Seminaren weiter. Um das Wissen später auch selbst anwenden zu können, ist ihr dabei das praxisorientierte Arbeiten sehr wichtig.

Ihr Motto ist zweideutig, wohldosiert zynisch, messerscharf und mit einem Augenzwinkern zu lesen: „Mit Messer und Gabel entscheiden Sie, wann Sie den Löffel abgeben." Durch 13 Jahre Erfahrung im Radmarathon, Triathlon und Marathon weiß Sabrina Bardas auch um die Ernährungsprobleme sowohl im Wettkampf als auch im Training und berät Breiten- und Leistungssportler.

Wir bedanken und ganz herzlich für die tolle, unproblematische Zusammenarbeit!

esli mymuesli mymuesli mymuesli mymuesli mymuesli mymuesli mymuesli mym
ymuesli mymuesli mymuesli mymuesli mymuesli mymuesli mymuesli mymuesli
esli mymuesli mymuesli mymuesli mymuesli mymuesli mymuesli mymuesli mym
ymuesli mymuesli mymuesli mymuesli mymuesli mymuesli mymuesli mymuesli
esli mymuesli mymuesli mymuesli mymuesli mymuesli mymuesli mymuesli mym
ymuesli mymuesli mymuesli mymuesli mymuesli mymuesli mymuesli mymuesli
esli mymuesli mymuesli mymuesli mymuesli mymuesli mymuesli mymuesli mym
ymuesli mymuesli mymuesli mymuesli mymuesli mymuesli mymuesli mymuesli
esli mymuesli mymuesli mymuesli mymuesli mymuesli mymuesli mymuesli mym
ymuesli mymuesli mymuesli mymuesli mymuesli mymuesli mymuesli mymuesli
esli mymuesli mymuesli mymuesli mymuesli mymuesli mymuesli mymuesli mym
ymuesli mymuesli mymuesli mymuesli mymuesli mymuesli mymuesli mymuesli
esli mymuesli mymuesli mymuesli mymuesli mymuesli mymuesli mymuesli mym
ymuesli mymuesli mymuesli mymuesli mymuesli mymuesli mymuesli mymuesli
esli mymuesli mymuesli mymuesli mymuesli mymuesli mymuesli mymuesli mym
ymuesli mymuesli mymuesli mymuesli mymuesli mymuesli mymuesli mymuesli
esli mymuesli mymuesli mymuesli mymuesli mymuesli mymuesli mymuesli mym
ymuesli mymuesli mymuesli mymuesli mymuesli mymuesli mymuesli mymuesli
esli mymuesli mymuesli mymuesli mymuesli mymuesli mymuesli mymuesli mym
ymuesli mymuesli mymuesli mymuesli mymuesli mymuesli mymuesli mymuesli
esli mymuesli mymuesli mymuesli mymuesli mymuesli mymuesli mymuesli mym
ymuesli mymuesli mymuesli mymuesli mymuesli mymuesli mymuesli mymuesli
esli mymuesli mymuesli mymuesli mymuesli mymuesli mymuesli mymuesli mym
ymuesli mymuesli mymuesli mymuesli mymuesli mymuesli mymuesli mymuesli
esli mymuesli mymuesli mymuesli mymuesli mymuesli mymuesli mymuesli mym
ymuesli mymuesli mymuesli mymuesli mymuesli mymuesli mymuesli mymuesli
esli mymuesli mymuesli mymuesli mymuesli mymuesli mymuesli mymuesli mym
ymuesli mymuesli mymuesli mymuesli mymuesli mymuesli mymuesli mymuesli
esli mymuesli mymuesli mymuesli mymuesli mymuesli mymuesli mymuesli mym
ymuesli mymuesli mymuesli mymuesli mymuesli mymuesli mymuesli mymuesli
esli mymuesli mymuesli mymuesli mymuesli mymuesli mymuesli mymuesli mym
ymuesli mymuesli mymuesli mymuesli mymuesli mymuesli mymuesli mymuesli
esli mymuesli mymuesli mymuesli mymuesli mymuesli mymuesli mymuesli mym
ymuesli mymuesli mymuesli mymuesli mymuesli mymuesli mymuesli mymuesli
esli mymuesli mymuesli mymuesli mymuesli mymuesli mymuesli mymuesli mym

Unser Kochbuchprogramm

Fantastische Fotos und viele fantasievolle Tipps für das perfekte Ambiente: Dieses Buch ist ein unverzichtbarer Ratgeber in Sachen Tischdekoration und ein Augenschmaus für jeden Deko-Fan!
144 Seiten, über 200 farb. Fotos, 245 x 265 mm, geb. mit Schutzumschlag
€ 19,95 / € (A) 20,50 / CHF 34,90
ISBN: 978-3-89880-907-8

Kochen wie im Wilden Westen und Cowboy-Atmosphäre pur: ein außergewöhnliches Kochbuch mit 100 original-amerikanischen Rezepten.
228 Seiten, 80 farb. Abb. 280 x 230 mm, Paperback
€ 24,95 / € (A) 25,70 / CHF
ISBN: 978-3-86852-075-0

Erleben Sie die Welt der Trüffel in all ihrer Faszination: Erstklassige Fotos und tolle Rezepte! Dieses Buch lässt zum Thema Trüffel keine Fragen und Wünsche offen!
144 Seiten, ca. 120 farb. Fotos, 210 x 290 mm, geb. mit Schutzumschlag
€ 29,90 / € (A) 30,80 / CHF 49,95
ISBN: 978-3-89880-906-1

Kunstwerke aus Obst und Gemüse zum Selbermachen – mit leicht nachvollziehbaren Step-by-Step-Anleitungen!
128 Seiten, ca. 200 farb. Abb., 198 x 270 mm, geb.
€ 19,95 / € (A) 20,50 / CHF 34,90
ISBN: 978-3-86852-004-0

Das große Speck-Kochbuch: über 100 verschiedene Zubereitungsarten werden vorgestellt. Schon beim Betrachten der Bilder läuft einem das Wasser im Munde zusammen.
176 Seiten, viele farb. Fotos, 210 x 260 mm, geb.
€ 19,95 / € (A) 20,50 / CHF 34,90
ISBN: 978-3-86852-001-9

Nutzen Sie die Schätze der Natur, um Ihren Tisch zu gestalten: Über 20 bezaubernde Deko-Ideen für alle vier Jahreszeiten - Lassen Sie sich inspirieren!
128 Seiten, 112 Farbfotos, 195 x 270 mm, geb. mit Schutzumschlag
€ 19,95 / (A) 20,50 / CHF 34,90
ISBN: 978-3-86852-077-4

Dieser fast 2-kiloschwere Prachtband ist eine Hommage an das flüssige Gold und ein Muss für den Liebhaber mediterraner Küche!
302 Seiten, ca. 155 farb. Fotos, 230 x 300 mm, geb. mit Schutzumschlag
€ 49,90 / € (A) 51,30 / CHF 83,90
ISBN: 978-3-86852-003-3

Ein außergewöhnlichen Buch mit wunderschönen Fotos: Schritt für Schritt essbare Tischdekorationen zum Selbermachen - viel Spaß beim Nachmachen!
128 Seiten, ca. 200 farb. Abb., 195 x 270 mm, geb.
€ 19,95 / € (A) 20,50 / CHF 34,90
ISBN: 978-3-89880-166-9

Henning Krautmacher, Frontmann der Kölner Mundart-Band „De Höhner" und engagierter Hobby-Koch, präsentiert in diesem ganz besonderen Kochbuch 40 seiner Lieblings-Suppen!
128 Seiten, ca. 250 farb. Abb., 240 x 220 mm, geb.
€ 24,95 / € (A) 25,70 / CHF 44,90
ISBN 978-3-89880-382-3

Bestellungen unter:
Tel.: 0531 708600
Fax: 0531 700601

Unser vollständiges Programm finden Sie im Internet unter:
www.heel-verlag.de